¿Les echaremos de menos?
ESPECIES EN PELIGRO DE EXTINCIÓN

por Alexandra Wright

ilustrado por Marshall Peck III

Charlesbridge

Por Beth Mira Aimée Benjamin Huguette Ann Chris MHP Jr. — MHP III

¿Les echaremos de menos?

Este libro se trata de algunos de los animales maravillosos que
están a punto de desaparecer de nuestro mundo para
siempre. Unas especies están en vías de extinción porque hay
cazadores que las matan por sus cuernos, colmillos, o pieles.
Otras desaparecen porque no pueden competir con los seres
humanos por espacio, agua, o alimentos. ¿Echaremos de
menos a estos animales? ¿Podremos ayudarlos a sobrevivir?
Lo primero es saber quiénes son.

¿Echaremos de menos al águila calva?

El águila calva no es "calva" de verdad.
Se llama "calva" porque cuando se ve de
lejos no se les ve las plumas blancas de su
gran cabeza y cuello. El águila calva construye
nidos enormes — de ocho a nueve pies de ancho. Cuando
no hay árboles viejos y elevados en lugares tranquilos y
calmados, las águilas calvas no tienen en donde construir
sus nidos. Antes, las águilas
se encontraban en todos
los estados excepto Hawai,
pero ahora principalmente
viven en el estado de
Alaska y en partes de
Canadá donde hay muchos
árboles grandes.

Estas águilas calvas están buscando su cena. Las águilas calvas tienen una vista superior a casi todos los otros animales. ¡Pueden ver a pequeños animales moviéndose, a más de una milla de distancia!

¿Echaremos de menos al elefante africano?

Los elefantes africanos son los animales más grandes de la tierra. ¡Sus bebés pesan más que una persona adulta! La trompa del elefante es en realidad el labio superior y la nariz. Los músculos que están en la parte superior de la trompa son muy fuertes y pueden usarse para empujar. La parte inferior es mucho más delicada.

Nunca verás a un elefante dar un golpe con su trompa porque eso le dolería mucho. La trompa tampoco se usa como un popote para beber agua. El elefante toma el agua con su trompa y la deja salir a chorros dentro de la boca.

Los elefantes están en peligro de extinción por dos razones — cazadores y agricultores. Mientras más gente trata de cultivar la tierra, menos espacio hay para los elefantes. Además, los cazadores cazan y matan a los elefantes por sus colmillos de marfil. Tú puedes ayudar a proteger a los elefantes si te niegas a comprar cosas hechas de marfil.

¿Echaremos de menos a la ballena azul?

La ballena azul es el ser viviente más grande de
nuestro planeta. ¡Puede pesar más que treinta
elefantes! Un ballenato azul pesa 2,000 libras y
aumenta 200 libras cada día durante el primer
año de su vida. ¡Si tú aumentaras de peso a este velocidad,
al cumplir tu primer cumpleaños, pesarías casi 300 libras!

Antes la gente pensaba que las ballenas eran peces porque vivían en el agua. Pero, las ballenas son mamíferos que tienen que respirar aire a través de su orificio nasal que se encuentra encima de su cabeza. Por muchos años, la gente cazaba a las ballenas por su carne y grasa, la que se usaba para hacer aceite para lámparas y otras cosas. Hoy en día usamos la electricidad para la luz y sacamos aceite del petróleo que sacamos de los pozos petroleros, así que no hay razón para matar a las ballenas.

¿Echaremos de menos al oso panda?

El panda solamente vive en unas cuantas regiones pequeñas de China, donde crece bastante bambú. Los pandas comen pequeños roedores y varios tipos de plantas, pero su alimento favorito es el bambú. Este panda puede comer hasta cuarenta libras de bambú al día. Se pasa horas enteras felizmente mascando los brotes de bambú. Las astillas del bambú no molestan al panda porque su garganta tiene un forro que lo protege de las astillas.

En este dibujo, los pandas se ven muy lindos y tiernos, pero son grandes y tienen una piel gruesa y áspera. Un panda adulto puede pesar 165 libras o más.

Los pandas han sido cazados y no han podido sobrevivir porque sus bosques de bambú se murieron o fueron cortados por la gente. China ha pasado leyes para proteger al panda, y ahora los pandas son el símbolo mundial de la conservación de nuestros recursos naturales.

¿Echaremos de menos a la tortuga Galápago?

La tortuga Galápago sólo vive en Las Islas Galápagos. Cuando las primeras personas llegaron habían tantas tortugas que una persona no hubiera podido cruzar la isla a pie sin pisar tortugas. Desgraciadamente, cuando llegaron estos exploradores, desembarcaron con ellos las ratas. Estas ratas se comieron los huevos de las tortugas. Las personas hicieron sopa de tortuga. Hoy en día, quedan pocas tortugas.

Cuando una tortuguita crece, de verdad crece. La que está en este dibujo pesa 600 libras. La vida de la tortuga Galápago es más larga que la de cualquier otro animal de la tierra. ¡Si no sufre ningún daño, esta tortuga tal vez llegue a cumplir dos cientos años de vida!

Nadie sabe lo que significa, pero estas tortugas hacen un tipo de bramido que suena como un trompetazo. El bramido de una tortuga es tan fuerte que se puede oír a más de una milla de distancia.

¿Echaremos de menos al león montañés?

El león montañés de Norteamérica también se conoce como puma o pantera. La gente les tenía miedo a estos gatos grandes y los cazaban al encontrarlos cerca.

Al este del Río Misisipí, quedan pocos leones montañeses con excepción de la pantera de Florida. La pantera de Florida es uno de los animales más sigilosos que hay. A veces este gato grande se pasa trepado en los árboles todo el día y generalmente caza de noche.

El puma de Arizona y Nuevo México es el gato sin manchas más grande de Norte y Sudamérica. Mide más de ocho pies desde la punta de la cola hasta la nariz y pesa más de 200 libras. Este gato enorme podría dar un salto a la altura de la ventana del segundo piso de una casa. ¡Caramba, que gran saltador!

¿Echaremos de menos a la grulla?

Al acercarse el invierno, la grulla vuela al
sur dirigiéndose hacia los pantanos de la Costa
del Golfo de Texas. Este viaje de 2,000 millas
desde Canadá está lleno de peligros. La
grulla tiene que evadir lobos y coyotes
hambrientos, los fusiles de los
cazadores, los cables eléctricos,
y los vientos   fuertes.

La grulla casi llegó a ser otra víctima de la extinción. En 1941, sólo quedaban vivas 21 de estas grandes grullas blancas. Se han pasados leyes para prohibir la caza de las grullas y para la protección de sus nidos. Estas leyes han ayudado a salvar a esta ave de la extinción.

¿Echaremos de menos al oso pardo?

A los osos pardos les gusta vivir en lugares que harían buenas granjas, como prados y valles con ríos. Esto quiere decir que muchas veces tienen que competir con la gente por el espacio y el alimento. Los osos pardos comen casi de todo — moras, hojas, animales pequeños, peces, y hasta raíces. Los osos pardos que viven en la costa oeste de los Estados Unidos disfrutan de un banquete de salmón durante el verano.

Durante el invierno, un oso pardo busca una cueva o un tronco hueco para usarlo de guarida durante su sueño profundo de invierno. Al nacer en el invierno, los cachorros son del tamaño de gatitos. En la primavera cuando salen de la guarida con su mamá son más grandes que un balón de baloncesto. En los Estados Unidos, con la excepción de Alaska, quedan pocos osos pardos. El mejor lugar para ver los es en los parques nacionales, donde están protegidos.

¿Echaremos de menos al manatí?

Los manatíes son mamíferos que respiran aire y son parientes del elefante. Aunque los manatíes son enormes, son animales calmados y juguetones. Ellos nadan moviendo sus colas de arriba a abajo y usan sus aletas para dirigirse. En agua poco profunda, los manatíes pueden "caminar" con sus aletas. ¡A veces, usan sus aletas para abrazarse!

Los manatíes viven en las aguas tibias de los ríos sureños. Cuando suben a la superficie para respirar, corren peligro. Se mueven tan lentamente que no pueden evitar las lanchas motorizadas. Muchos se mueren cuando son atropellados por las lanchas. Otros cometen el error de tratar de vivir en las corrientes cálidas de las centrales eléctricas. Si las centrales eléctricas se descomponen, a los manatíes se resfrían y se mueren, a no encontrar otra fuente de agua cálida.

¿Echaremos de menos al muriqui?

Como un acróbata de circo, el muriqui se columpia entre los árboles, usando su cola, manos, y pies. Su cola es prensil, y esto significa que se puede usarla para agarrar, como si fuera una quinta mano. Un muriqui puede columpiarse con su cola o hasta colgarse de cabeza con ella.

El espacio entre estos árboles es muy grande para que pueda pasar el bebé muriqui, así que con su cuerpo la mamá hace un puente entre las ramas. Los muriquíes casi nunca bajan de los árboles. Sólo se encuentran en bosques en el sudeste de la costa de Brasil. Desgraciadamente, esta área es también donde vive casi toda la gente de Brasil.

Al ser talados los bosques, los muriquíes empiezan a desaparecer. De los miles que vivían en Brasil, sólo quedan unos cuantos cientos. Hay tantas personas que se interesan por la sobrevivencia de los muriquíes que este mono es el símbolo de la conservación en Brasil, como lo es el panda en China.

¿Echaremos de menos al rinoceronte?

El nombre rinoceronte puede que suene chistoso, pero significa "cuerno de nariz." El cuerno crece en la nariz del rinoceronte . . . crece y crece . . . y crece — como 3 pulgadas al año. El rinoceronte es el único animal al que le crece un cuerno encima de la nariz. A otros animales les crecen los cuernos encima o a los lados de la cabeza. Una mamá rinoceronte usa su cuerno para proteger a su bebé de los leones, las hienas y los cocodrilos.

Hay cinco tipos de rinocerontes. Unos sólo tienen un cuerno, otros tienen dos. Pero todos los rinocerontes tienen una vista muy pobre y necesitan beber agua a menudo. Esto los hace fácil de cazar. Hay leyes que prohiben la caza de los rinocerontes, pero hay cazadores que todavía los matan por sus cuernos muy valiosos. Hoy en día quedan muy pocos rinocerontes y casi todos viven en reservas protegidas.

¿Echaremos de menos al gorila montañés?

El gorila montañés es el primate más grande que existe. Esta criatura dulce y tímida es el único mono que pasa la mayor parte de su tiempo en el suelo en vez de en los árboles. Come semillas, frutas, ortigas, apio silvestre, cardos, y otras plantas. Con su dedo pulgar como el del ser humano, el gorila puede recoger semillas muy pequeñas. Sólo quedan unos cuantos cientos de gorilas vivos. Viven en unas cuantas áreas pequeñas en Africa central, donde son estudiados y son protegidos.

Tal vez veas a un gorila de tierra baja en un parque
zoológico, pero un gorila montañés sólo puede
vivir en libertad. Un grupo de gorilas montañeses
es dirigido por un macho grande espalda
plateada. Este líder protege al grupo y lo dirige
por el bosque. Los bebés recién nacidos
pesan más o menos $4\frac{1}{2}$ libras. Sus
madres y sus tías les dan de comer y
los cargan, y les dan refugio en un
nido de ramas durante la
noche. Igual que los
bebés humanos,
estos bebés no
pueden caminar
hasta que
cumplen
un año.

¿Echaremos de menos a los cocodrilos?

La gran boca dentada del cocodrilo es verdaderamente asombrosa. Tiene alrededor de 100 dientes filosos. Cuando un diente se le cae, otro le crece rápidamente, y estos dientes nuevos pueden volver a crecer más de 45 veces. Aun con todos estos dientes, está mamá cocodrilo puede ser muy dulce. Después de hacer su nido y poner sus huevos, los vigila cuidadosamente hasta que las crías rompen el cascarón. Entonces abre su boca para que sus bebés se metan y los lleva al agua.

Los bebés nunca dejan de crecer. Crecen sin cesar cada año de sus vidas. ¡Imagínate si la gente creciera así!

Algunos cocodrilos están en peligro de extinción porque son cazados por sus pieles valiosas y porque son vecinos peligrosos. Un cocodrilo dormilón que toma el sol para calentarse puede sorprenderte. ¡Cuidado! Si lo molestas, puede correr por distancias cortas tan rápido como un caballo de carreras.

Ballena azul
Balaenoptera musculus

Oso pardo
Ursus horribilis

Grulla
Grus americana

Aguila calva
Haliaeetus leucocephalus

Oso pardo
Ursus horribilis

¿Les echaremos de menos?

Sí, les echaremos de menos sin duda. Cada
animal forma parte de una tela que está
entrelazada con todas nuestras vidas.
Pero no tenemos que echarles de menos.
Todavía tenemos la oportunidad de salvar a
estos animales que se encuentran en peligro.
Podemos salvarlos porque, como la grulla, son
hermosos. Podemos salvarlos porque, como el oso
pardo, son parte de nuestro patrimonio. Podemos salvarlos
por la más importante razón de todas — porque forman
parte del asombroso equilibrio de la naturaleza que
hace que la vida sea tan maravillosa.

La protección de la fauna es muy importante ahora porque
muchas especies se encuentran en peligro de extinción. Miles
y miles de animales salvajes son matados cada año para
proveer a personas con abrigos de piel, recuerdos, y animales
domésticos exóticos. Zonas especiales como los pantanos
quedan destruidas por la contaminación. Los bosques
tropicales son talados por su madera y para tener más
espacio para granjas, casas, y industrias.

Aguila calva
Haliaeetus leucocephalus

León montañés
Felis concolor

Manatí
Trichechus manatus

León montañés
Felis concolor

Grulla
Grus americana

Cocodrilos del Orinoco
Crocodylus intermedius

Manatí
Trichechus manatus

Tortuga galápaga
Geochelone elephantopus

Muriquí
Brachyteles arachnoides

Ballena azul
Balaenoptera musculus

Ballena azul
Balaenoptera musculus

Panda gigante
Ailuropoda melanoleuca

Rinoceronte de India
Rhinoceros unicornis

Elefante de India
Elephas maximus bengalensis

Gavial de India
Gavialis gangeticus

Cocodrilo del Nilo
Crocodylus niloticus

Cocodrilo de agua salada
Crocodylus porosus

Elefante africano
Loxodonta africana

Manatí
Trichechus manatus

Rinoceronte de Sumatra
Dicerorhinus sumatrensis

Gorila montañés
Gorilla beringei

Rinoceronte de Java
Rhinoceros sondaicus

Cocodrilo de agua salada
Crocodylus porosus

Rinoceronte blanco
Ceratotherium simum

Rinoceronte negro
Diceros bicornis

Para ayudar a los animales que están en peligro de extinción, aprende todo lo que puedas acerca de ellos. Visita el parque zoológico y tu biblioteca para saber más de los animales salvajes que viven en tu área. No importa en donde vivas, tu puedes hacer algo. Si todos tomamos la responsabilidad y el interés, podemos lograr que nuestro mundo sea un lugar en donde la gente y los animales vivan juntos en armonía.

Ballena azul
Balaenoptera musculus